文涵书睿

蒙台梭利
家庭早教游戏 ③
0~6岁 生活习惯培养与训练

『意』蒙台梭利/著 崔维伟/编译

台海出版社

图书在版编目（CIP）数据

蒙台梭利家庭早教游戏. 0~6岁生活习惯培养与训练 /（意）蒙台梭利著；
崔维伟编译.—北京：台海出版社，2017.5

ISBN 978-7-5168-1324-9

Ⅰ.①蒙… Ⅱ.①蒙… ②崔… Ⅲ.①生活–卫生习惯–学前教育–教学参
考资料 Ⅳ.①G613

中国版本图书馆CIP数据核字（2017）第072216号

蒙台梭利家庭早教游戏. 0~6岁生活习惯培养与训练

著　　者：（意）蒙台梭利		编　　译：崔维伟	
责任编辑：高惠娟		装帧设计：仙　境	
版式设计：曹　宝		责任印制：蔡　旭	

出版发行：台海出版社

地　　址：北京市东城区景山东街20号　　邮政编码：100009

电　　话：010-64041652（发行，邮购）

传　　真：010-84045799（总编室）

网　　址：www.taimeng.org.cn/thcbs/default.htm

E-mail：thcbs@126.com

经　　销：全国各地新华书店

印　　刷：北京军迪印刷有限责任公司

本书如有破损、缺页、装订错误，请与本社联系调换

开　　本：880mm×1230mm　　1/24

字　　数：92千字　　　　　　印　　张：5.75

版　　次：2017年6月第1版　　印　　次：2017年6月第1次印刷

书　　号：ISBN 978-7-5168-1324-9

定　　价：29.80元

发现成长的秘密，给儿童科学的教导

　　玛利亚·蒙台梭利是 20 世纪享誉全球的幼儿教育家，她所创立的幼儿教育方法的特点在于对儿童早期教育的重视。《西方教育史》称她为 "20 世纪赢得欧洲和世界承认的最伟大的科学与进步的教育家"。

　　1907 年，蒙台梭利在罗马的贫民区建立了一所 "儿童之家"，她运用自己独创的方法对那些招收来的 3~6 岁的儿童加以教育，结果使得那些出身 "普通的、贫寒的" 儿童的心智发生了巨大转变，皆被培养成了聪明自信、有教养、生机勃勃的少年英才。于是，人们纷纷仿照蒙台梭利的教育模式建立了许多 "儿童之家"。1909 年，由蒙台梭利编写的《运用于儿童之家的科学教育方法》一书出版上市，很快便被译成 20 多种文字在世界各地流传。随后有 100 多个国家引进了蒙台梭利的方法，蒙台梭利在世界范围内引起了一场幼儿教育的革命。

　　由蒙台梭利提出的蒙氏教育法是一种针对儿童及幼儿的教育理念，蒙台梭利在很大程度上接受了卢梭、裴斯泰洛齐、福禄贝尔的自然教育与自由教育的观点，根据自己的实际观察和实验研究提出的一种全新的教育理念，旨在全面提升儿童素质，发展儿童潜能。

　　读过蒙台梭利系列图书的读者对于儿童的教育问题会有一种脱胎换骨般的认识，

能够感受到蒙台梭利教育法对孩子的尊重、对生命的尊重，从人性与生命的角度去揭示儿童成长的秘密，揭露教育的本质。在这一点上，是以往的教育方法并不具备的。

蒙台梭利利用儿童自身的成长要求，在不损害儿童的自由与快乐的前提下，实现教育的目的。她认为，儿童与生俱来就具有"内在生命力"，这是一种积极的、不断发展的无穷力量，而教育的任务是对儿童"内在潜能"的激发和促进，并不是强行地向儿童灌注成人的思想。所以，教师和父母想要帮助儿童获得良好的身心发展，必须先了解儿童的内心世界，从儿童自由与自发的活动中去仔细地研究和观察。

蒙台梭利认为："孩子有绝对的自主权，让他们自己决定玩什么，学什么。"与传统教育方法有所不同，蒙台梭利教学法的目的是帮助孩子自然地成长，更强调对孩子的秩序感、专心度、独立能力和手眼协调能力方面的培养，为孩子提供他们所需要的活动环境，让孩子感受到绝对的自由和尊重，让他们快乐地成为他们自己。

据此，蒙台梭利为学前儿童创造设计出一整套有效引导儿童迅速成长的训练方法。她提倡教育应当以儿童为中心，把握儿童的敏感期，着重儿童智慧与品格的养成，尊重儿童的成长步调等方向，对儿童进行体育、感官、知识、生活等方面的教育。

蒙台梭利教育法源于对儿童的充分了解和研究，其中包含着很多有价值的教育观点，在她的著作中均有详细介绍。在此，我们为了读者更好地了解她的教育观点，特意编译了这套"蒙台梭利系列"图书，在尊重原著的基础上，对原著内容进行了筛选和调整，力求能够让蒙台梭利的教育理念更易被家长理解和运用。

本套书包括：《蒙台梭利家庭早教游戏：0~6岁语言能力培养与训练》《蒙台梭利家庭早教游戏：0~6岁生活习惯培养与训练》《蒙台梭利家庭早教游戏：0~6岁感觉能力培养与训练》《蒙台梭利家庭早教游戏：0~6岁数学能力培养与训练》《蒙台梭利家庭早教游戏：0~6岁智力能力培养与训练》《蒙台梭利家庭早教游戏：0~6岁运动能力培养与训练》。这六本书侧重点不同，从儿童不同方面的教育培养入手：《蒙台梭利家庭早教游戏：0~6岁语言能力培养与训练》是对儿童语言能力和交际方面的开发与训练指导；《蒙台梭利家庭早教游戏：0~6岁生活习惯培养与训练》是对儿童卫生习惯、饮食习惯、行为习惯和品格习惯的系统培养指导；《蒙台梭利家庭早教游戏：0~6岁感觉能力培养与训练》是对儿童视、听、嗅、味、触方面的能力进行激发和拓展训练指导；《蒙台梭利家庭早教游戏：0~6岁数学能力培养与训练》是对儿童算术、几何方面的训练指导；《蒙台梭利家庭早教游戏：0~6岁智力能力培养与训练》是对儿童的注意力、想象力、记忆力、观察力、思维力、意志力、分析能力方面的训练指导；《蒙台梭利家庭早教游戏：0~6岁运动能力培养与训练》是对儿童的身体机能、肌肉、行动方面的训练指导。

我们希望通过这套书，来指引家长更科学地对待儿童，给予儿童最佳的教育方式。这套书并不是晦涩难懂的理论书，而是一本操作性很强的工具书，其中包括摘自蒙台梭利原著的"蒙台梭利老师怎么说"，针对我国国情和目前家庭教育现状提出的"专家解读"，供家长参考的训练游戏"游戏配合"这三大模块的内容。

蒙台梭利的教育思想和她的著作风靡全球，赢得了一致的好评。在当前的中国社会中，教育问题丛生，家长为孩子的教育问题也是操碎了心。所以，我们更是需要一个有效的教育法来做指引。我们相信，在认真阅读本套书之后，所有的家长都能够更加科学地对待儿童，找到适合他们的最佳的教育方式。

编译者序

中国青少年研究中心的专家孙云晓提出观点："习惯决定孩子的命运。"无疑，习惯的力量是巨大的，人一旦养成一个习惯，就会不自觉地在这个轨道上运行下去，很难改变，而这些习惯则会引领孩子在未来或走向平庸或走向毁灭或走向成功。

一个人是习惯于讲究卫生还是习惯于邋里邋遢？是习惯于做事完全投入还是三心二意？这与他在孩童时期养成的习惯有着很大关系。有一个公式：早期教育花一公斤的气力＝后期教育花一吨的气力。这也说明了儿童的早期教育是相当重要的，既然如此，我们要对孩子进行全方位的习惯培养就要紧紧抓住孩子的早期教育阶段。

中国家庭中，孩子貌似有许多毛病。第一，他们在自我清洁方面存在问题，他们成为家长的"依附品"，在离开家长之后，无法时刻保持自己干净整洁的形象。第二，儿童变成懒惰之人，不懂得去分担父母的家务负担，相反会制造家庭的脏乱。第三，儿童在饮食方面存在各种各样的问题，拒绝饮食、挑食、不按时间吃饭、不喜欢喝水等，这着实使家长为难。第四，在礼貌行为的养成上存在诸多问题，坐没坐相站没站相，在对待客人方面显得极其冷漠，显得极其没有家教。第五，儿童在品格习惯方面存在各式各样的缺陷，或是自私不懂分享，或是做事没有耐心缺乏意志力，无法做到服从与守纪律等。这些都是孩子在家庭中表现出的种种坏习惯，既然我们知道孩子存在这些问题，那么如何进行正确且良好的习惯培养就是关键所在，我们更希望在孩子未养成这些坏习惯之前，家长就能以正确的方法引导孩子培养良好的习惯。

那么，这本书就可以帮助家长解决面临的以上种种问题，针对孩子的习惯培养，给出详细而实用的指导。本书主要有以下几个特点：

首先，我们将儿童在早期教育中所需培养的习惯以单元的形式做了系统性的划分，前三章分别在讲卫生习惯、饮食习惯、行为习惯的养成，后四章则都在讲孩子品格习惯的培养。这样就可以清晰地让家长全面而系统地了解，孩子习惯的培养包括哪些方面。

其次，在体例方面，我们设置有"蒙台梭利老师怎么说""专家解读""游戏配合""家长观察笔记"四个模块。其中"蒙台梭利老师怎么说"来源于蒙台梭利的原著作，是我们将蒙台梭利在各个著作中提到的观点整合、提炼的结果，帮助家长缩短阅读时间，可以直接接触到蒙氏教育最精华的内容；在这个模块之后配以"专家解读"，它是针对我国国情和目前家庭教育的现状，给出的适合中国家庭教育的专家指导意见；由各种游戏构成的"游戏配合"模块，其中大部分游戏来源于蒙台梭利原著，一小部分是基于理解蒙氏教育理念之后结合中国家庭教育实况编排的游戏。在游戏环节，我们搭配了相关插图使得书籍更具有可读性；"家长观察笔记"则是方便家长记录游戏中儿童的表现以便在之后更好地开展教育工作。

最后，在每个游戏前面，我们都有适用年龄的说明，以便让家长对游戏的难度有一个整体性的把握。我们也鼓励家长在理解蒙氏教育理念之后能够就自己的实际家庭环境来自己设计游戏，以便更好、更方便地培养孩子优秀的习惯。

总之，我们所策划出版的这本书旨在让蒙台梭利的教育理念更容易为我们家长所理解与运用，我们希望给每一位家长提供这样一本书：它不是单纯又晦涩难懂的理论书，而是一本可操作性强的实用工具书。

我相信在阅读完本书之后，所有家长都能够更加科学地对待儿童，并给予他们最适当的教育方式。

目录

Part 1

满足儿童清洁的欲望

01 自身卫生习惯的养成

蒙台梭利老师怎么说 ◆

"儿童之家"刚刚建立起来的时候，因为教材发放时间安排得不妥当，我们的教师不能很好地实施自由式的教学方法。所以，在儿童之家的教学是从清洁自己的环节开始的，其中包括练习如何洗手、洗脸等。

儿童自有其清洗的欲望，我们为了满足他们的欲望，在每个教室都为孩子们安装了清洗架，很低，3~4岁的孩子同样可以轻松够到，并配有水瓶、洗脸盆、洗脚盆等这样的物品。我们会要求孩子经常洗澡但并不是每天都要洗澡。在孩子们洗澡的过程中，老师会让孩子们学习如何清洗身体的局部位置，这些在成人眼里轻而易举的事情，对于孩子来说，可能并不简单。我们把洗手、洗脸、洗脚的方法告诉孩子们，还会教他们刷牙、漱口和清洗眼睛等的方法。通过这样的反复学习，孩子们学会了这些基本的保持自己卫生干净的方法。

在"儿童之家"，我们有特殊的诀窍去催促孩子成功且完美地完成各种日常生活练习，这个诀窍就是在做任何日常练习时都必须严格、准确地进行。就像用水壶往杯子里倒水，要保证水壶不要触碰到水杯边缘，也不能洒一点水在桌布上，这比单纯地把杯子倒满水有意思多了。必须记住毛巾和香皂的确切位置，洗手也变得更加吸引儿童。也就是说，完成某项练习的动作并没有任何改变，但是在完成练习时力求做到完美就增加了练习的价值与乐趣。洗脸不再是简单地把脸洗干净，而是非常"完美"地去洗脸。这样洗脸，不但脸干净了，而且孩子们完成洗脸这一动作所需的所有动作也会熟练很多，他们与没有洗脸的孩子相比，获得的不仅仅是脸的干净，还有更多其他方面的提高。当孩子不仅能完成某项指定的练习目标，还能从准确、完美地完成动作所需要的每个细节中体会到快乐时，他们就为自己开启了一个全新的教育领域。日常生活练习对于教育来说，是永恒的推动力，它们鼓励着儿童去规范自己的行为。

在家庭中，我们父母也要适时教授孩子们保持自己干净的方法，让孩子们学会洗手、洗脸、刷牙……久而久之，他们就会养成讲究自身卫生的习惯。

——摘自《蒙台梭利早教游戏》

专家解读 ◆

让孩子养成保持自身清洁的习惯不只是利于孩子的身体健康，而且是避免孩子出现自卑等性格缺陷的需要。我们试想，一个邋遢的孩子在走进幼儿园等公共场合时，一旦因为自己不干净而被人冷落与嘲笑，他的内心必然会受到伤害，久而久之，自卑等性格缺陷就会慢慢形成。

在儿童刚刚练习洗脸、洗手等技能时，难免会犯错，难免会比较慢，所以家长首先要有耐心，不能因为赶时间而剥夺孩子自己练习的机会，家长自己要安排好充足的时间方便孩子进行练习；更不能因为孩子没有像我们想象的那样去完成，或在其中犯了些错误就对孩子严声责怪。在孩子完成清洁自己的任务后，要记得及时夸奖孩子，让孩子建立起再次练习的信心直到熟练掌握该技能。

刚开始学习这些技能时，如果洗漱台的高度不适合孩子，可以先让孩子在脸盆里练习，或是让孩子站在小板凳上，家长要保证孩子的安全。练习前可以让孩子准备好所需物品并让他放到指定位置。在指导孩子的过程中，也要提醒孩子吃饭前和上完厕所后都要及时洗手。

游戏配合 ◆

游戏名称：小脸干净啦

适用年龄：2~3岁

游戏目的：通过练习洗脸，让孩子养成讲究自身卫生的习惯。

游戏方式：

Step 1

让孩子准备好一块干毛巾、一块抹布。

Step 2

让孩子把袖子卷起来，来到洗漱台前，打开水龙头，让水流出来的量较小一点。

Step 3

让孩子把手心朝上，手指并拢在一起，从水龙头处接一些清水，把头低下，从额头开始用水清洗脸颊，之后再接一些水重复上面的动作。

 脸洗好后，拿干毛巾擦干脸上和手上的水。

Step 5

拿起抹布擦掉洗漱台上的水迹，并把毛巾和抹布放回原来的位置，最后把自己卷起的袖子放下来。

☆家长观察笔记

_____

_____

_____

_____

_____

_____

_____

02 清洗衣物能力的培养

 **蒙台梭利老师怎么说** ◆

　　生物学其实已经一再证实了环境对生物具有巨大的影响。作为人类的我们对自己进行观察就可以了解到，与其说我们在适应环境，不如说我们在努力地创造着更适宜自己的环境。人如果生活在不适宜自己的环境中，就不可能正常发展人的所有能力，也不可能在自己内心深处探索学习及认识自己。儿童作为人类中一分子，当然也一样。

　　儿童拥有不适宜自己的生活环境，他们生活在由成人构筑的世界里，他们和周围事物的规模存在差异。他们无法发现自己与这些事物之间能有什么关系，因而他们就不可能顺利实现自身的自然发展。如果我们在家里为孩子准备一个和他们的形体、力量、心理能力一致的环境，让他们在这种环境下自由地生活，那么我们就在教育这条路上迈了很大一步。

　　所以，"儿童之家"的家具设计都非常适合儿童使用。它们较轻且坚固，并足以吸引儿童的眼球，美的东西定能激励他们进行活动和学习。所以，我们想要儿童掌握清洗简单衣物的能力，首先就要给予他们适合并能吸引他们兴趣的清洗教具，如一个小且可爱的塑料盆，一块颜色好看的肥皂等。置身其中，儿童仿佛能听到这些教具用无声语言对他们讲："请你拿起我，进行清洗吧！"这样孩子会主动进行清洗，我们只需要在旁边进行指导和鼓励，这样孩子在反复的、饶有兴趣的练习中，他们自然就养成了自己清洗衣物的习惯。

——摘自《家庭中的儿童》

 **专家解读** ◆

其实，孩子是非常乐于自己动手帮助家长做一些家务的，但是由于我们成人没有给予儿童适当的环境，从而造成他们不爱做家务的假象。一旦我们可以像"儿童之家"那样或是尽量向其靠拢时，自会发现一个勤于劳动的孩子。

我们可以带孩子去亲自挑选他喜爱的洗衣盆和肥皂，增加他们参与其中的兴趣。在进行清洗练习时，我们可以选择一些小的物件，像小手绢、袜子等，选择的物件太大会增加孩子清洗的难度，只会让他们丧失兴趣。

在清洗过程中，家长将清洗的要领教授给孩子之后便不要过多地去干涉他，在他完成后要给予相应的鼓励。

 **游戏配合** ◆

游戏名称：袜子不臭啦

适用年龄：2~3岁

游戏目的：通过清洗袜子，让孩子掌握清洗的技能并养成讲究卫生的习惯。

游戏方式：

 准备一双孩子的脏袜子、一块肥皂和一个洗衣盆。

Step 2

首先把袜子浸泡在盛有水的盆中。

Step 3

把袜子拿起来铺展在手掌上，右手拿起肥皂，将肥皂均匀地抹在袜子上，然后双手进行搓洗。

Step 4

洗干净后，倒掉盆中的脏水，接清水冲洗几遍袜子，拧干之后进行晾晒（全程妈妈在旁边进行指导与鼓励）。

☆家长观察笔记

03 锻炼儿童简单清扫的能力

物品和环境的美是对儿童极大的激励，它们会让儿童更加积极、加倍努力，所以每一件教具都应该具有吸引力。要让儿童自觉去清扫，而不是声嘶力竭地去指挥他们"快扫地"，那么就要在扫帚涂上鲜艳的颜色，光是物品本身就会对儿童发出邀请——"我是小扫帚，握着我去扫地吧"。

我们看到儿童可以独自穿衣脱衣，扣纽扣，打蝴蝶结，准确无误地布置桌布，刷洗杯子和盘子；而且他们会帮助其他小伙伴，有些孩子会帮比自己更小的孩子扣纽扣，为他们系鞋带，当他们把汤洒在地上时会迅速帮忙清扫。他们做这些为他人着想的举动并不是想得到褒奖，而是做这些事情已经是对他们的奖励。有一次，我看到一个小女孩很忧郁地坐在一盘热菜汤前，但她没有去尝一口，因为老师曾许诺让她去布置餐桌，但老师忘记了，因而她感到非常失望，这种失望甚至让她忘记了热菜汤所能带来的身体的愉悦感。所以打造适合儿童身心发展的环境是教育中至关重要的一点。

而且儿童的心智、个性与运动之间也存在密切的关系。普通学校里的教育更注重孩子的智力教育，往往忽略了运动教育，其实这样做是不对的。运动与儿童的心理发展、智力发展、个性发展都有着密切的关系，所以学校组织儿童进行体育运动不只是为了保持孩子们身体健康，改善呼吸、饮食和睡眠等，身体与思想本就是一个整体，一个得到了锻炼另一个肯定也能得到锻炼，也就是说运动的目的不仅仅是为了强身健体，它也同样有利于心理的发展。

我们观察儿童的发展状况就可以发现，儿童是通过运动来发展自己的大脑的。儿童在半岁的时候，可以在他人的帮助下坐起来，八九个月的时候自己学会了爬行，十个月能站起来，大约一岁时能在他人的帮助下走路。这一切的动作发展都依赖于儿童大脑与小脑的发展。在以上儿童的动作的发展与进步过程中，儿童的小脑也同时在发展，而小脑的发展也进一步帮助儿童保持身体的平衡。

人是通过运动来表现自己的工作、表达自己的思想的，同时运动也能发掘人类的潜能。如果不去运动，那这一切都是空谈。儿童刚开始时会注意自己的手，然后他会用手抓各种东西，经过各种各样的手部活动，儿童对手的控制能力会越来越好；继而儿童学会走路，手和脚会带领他获得独立。独立的意思是，儿童可以不再需要他人的帮助就能自己做事情。他们会走到想去的地方拿到自己想要拿到的东西，这一切都与儿童内在的心智与器官的成熟分不开。儿童在成年之后，会从事与手有关的工作继而去表达自己的思想。就像工匠们会完成一栋精美教堂的建造，而且精美的教堂会是工匠们的精神体现。

所以我们在儿童早期阶段就要允许儿童去做一切与手脚有关的任何合理运动，万不可干涉、阻止他们的运动。一个三岁的孩子，若家长依旧抱着他走路的话，那么他的发展就会受到阻碍。根据我的观察经验，如果儿童没有机会使用自己的双手进行运动，那么他的个性发展就会处在较低水平，像不听话、做事没有激情、懒惰、情绪比较低迷等。而那些有机会使用手的儿童，他们的心理发展就会更快、更好，且他们的性格会更加坚强。

所以各位家长，我们要营造一个适合儿童发展的美的环境，继而允许且引导他们去做一些运动，无论是体育锻炼还是日常生活劳动，这样儿童才能正常且迅速、健康地进行自我发展。

——摘自《家庭中的儿童》及《有吸收力的心灵》

专家解读 ❖

我们不要小看孩子的潜在能力，家长及其他教育者能做的就是让孩子内心的潜力得到充分发挥，所以我们要相信孩子，继而给他们以适当的成长环境。

在培养孩子清扫的习惯时，我们也要尽量选择适合儿童使用的扫帚和簸箕，而扫帚和簸箕的种类又有所不同，所以家长也要耐心指导孩子每一种工具的正确使用方法。

在日常生活中，要告诉小朋友，要把垃圾扔进垃圾桶才可以，这样自己和别人打扫起来才会轻松很多。

游戏配合 ❖

游戏名称：我是扫地小能手

适用年龄：2~3岁

游戏目的：通过扫地，让孩子掌握正确的扫地方法。

游戏方式:

 **Step 1**

准备一套适合孩子使用的扫帚和簸箕及一些碎纸屑、瓜子皮等垃圾。

 **Step 2**

父母把垃圾撒在地板上并用粉笔在地板上画上一个圆圈。

Step 3

让孩子右手握着扫帚,把地板上的垃圾聚拢到圆圈内。

Step 4

等到垃圾全部都到圆圈里之后(家长要告诉孩子把垃圾扫到圆圈里的目的是什么),让孩子左手拿着簸箕,将垃圾扫到簸箕中。

Step 5

把簸箕中的垃圾倒入垃圾桶,最后将簸箕和扫帚放好。

☆ 家长观察笔记

_____

_____

_____

_____

_____

_____

_____

04 让孩子掌握擦拭技能

有一天，一个女士去参观一个普通的学校，她立刻发现课桌是不干净的，落有灰尘。于是她对女教师说："您知道学生们为什么不擦桌子，就让它那样脏着吗？那是因为这里没有好看的抹布，如果我没有一块美观的抹布，我也不会擦桌子。我几乎可以说，环境美和儿童是否愿意参与活动之间存在某种数学关系。"

"儿童之家"的家具都是可以清洗的。有人可能认为这是出于对卫生条件的严格要求，其实不然，真正的原因就在于，可以清洗的家具为儿童提供了乐于参与劳动的激情与机会。

儿童之家的课桌都被设计成各种各样的形状，桌子结实而且非常轻便，两个 4 岁的孩子就可以随意地挪动它。椅子也是轻便可爱，有木制的也有藤条的。这些桌椅并不是简单的成人的微缩版，而是真正适合儿童身体状况的。桌子上都会铺上小小的桌布，也会放上花瓶或是盆栽来点缀。我们的家具是浅颜色且比较轻便的，例如盛放肥皂、牙刷和毛巾的平台都是白色的，孩子们可以十分轻易地看出家具是否干净，如有污迹，他们就会去擦洗以保证它们的洁净。

"儿童之家"所营造的美好自由的环境，让孩子们置身其中可以兴高采烈地、饱含热忱地去完成每一件事。他们如果想擦亮手柄，他们就会持之以恒，直到手柄洁净如新。孩子们在连续不断的重复动作中，轻松掌握了生活中的小技能，并能乐在其中。

——摘自《家庭中的儿童》

 **专家解读** ❖

2~3岁的孩子是非常喜欢模仿家长的行为的，所以在这个年龄段，他们都有帮助家长做家务的欲望。做家务在他们看来并不是一种负担，而是一件令人欢喜的事情。模仿对他们而言，有时毫无道理。曾有一个家长说过这样一个故事，在家里吃饭结束后，妈妈总是最后去清洗电饭锅和盛饭的勺子，勺子上难免会粘一些米粒，妈妈不想浪费就去啃一下勺子上的米粒。有一天，孩子就对妈妈说："妈妈，让我也啃一下勺子吧！"看吧，儿童就是这样喜爱模仿。

那为什么孩子会变成家长眼里"不爱动，很懒"的小孩子呢？很大原因是家长禁止了他们，有时怕累着孩子，有时怕孩子做不好等。这就扼杀了孩子爱劳动的良好品德。

所以，我们平时就不要阻拦孩子做家务，即使他们在刚开始时做得不够好，也要鼓励他们去做，增加他们的自信心与自豪感。时间长了，孩子自然会养成爱劳动的习惯。

游戏配合 ❖

游戏名称：抹布旅行记

适用年龄：2~3 岁

游戏目的：锻炼孩子的劳动能力，养成勤劳的习惯。

游戏方式：

Step 1

准备两块抹布，孩子的那块要尽可能让孩子喜欢。

Step 2

妈妈和孩子一起擦桌子，妈妈在前面擦，孩子在后面学，在这过程中不需要太多指导，让孩子模仿就好。

Step 3

看孩子基本上学会之后，对孩子发出请求说："宝贝，那张桌子也好脏，妈妈有些累了，你帮妈妈擦好不好？"

Step 4

孩子不答应就进一步引导，待孩子答应后，就可以让孩子独立擦桌子了。孩子完成后要进行赞扬与鼓励。

☆ **家长观察笔记**

_____

_____

_____

_____

_____

_____

_____

Part 2
根治儿童
饮食恶习

01 提升儿童的食欲

 **蒙台梭利老师怎么说** ◆

　　如果说心理一直处于抑制状态会降低新陈代谢的速率，那么同样的，活跃与昂扬的心理状态同样会提高新陈代谢的速率。我们"儿童之家"的学员们就证实了这一点。

　　在之前的一段时间里，我们并没有刻意去增强学员们的体质，但是现在他们各个变得脸蛋红扑扑、生龙活虎。要知道这些孩子之前都营养不良、贫血，他们那时似乎都需要紧急的救治和吃药才能够继续活下去，但是现在他们各个身体健康，充满活力。

　　反观现实中我们的孩子，他们在饮食方面有时都会存在一些问题。他们会表现出对食物的讨厌，表现出没有食欲，会抵抗家长们的喂食，这些状况都会给家长带来很大的痛苦与困扰。

　　其实，孩子表现得没有食欲可能只是假装对食物没有兴趣，并不代表他们真正讨厌食物。他们没有食欲，拒绝吃饭的很大原因可能是外部环境在干扰他们，导致他们心理失调，也就是说孩子不愿意吃东西是因为他们的心理处于抑制状态，拒绝吃饭只是他们的自卫行为。例如，我们在生活中常见这样一种情景，妈妈会催促孩子快点吃饭，这无疑打乱了孩子正常的进食节奏，他们的心理存在不平衡。这就引起孩子的反抗，他们会用拒绝吃饭来反抗家长们的催促。

如果孩子拒绝吃饭，继而出现脸色苍白、不爱活动、懒洋洋的情况，家长们就要寻找原因。一般情况下都是因为孩子极度依赖身边某位大人，孩子的行为完全受那个成人所支配。遇到这种情况，我们就要让孩子离开他所依赖的人，让他有自己自由发挥的环境。

——摘自《蒙台梭利敏感期早教手册》及《童年的秘密》

专家解读 ◆

儿童出现不愿意吃饭的情况，大多数情况下不是因为他们不饿，而是他们对家长的反抗。我们一直强调要给孩子自由的生活环境，我们要顺应孩子的节奏。所以在日常生活中，我们让孩子坐在餐桌旁，留给他充足的用餐时间，这样他便能按照自己的节奏去进食，那么也就不会出现拒绝进食的情况。

再者，许多家长很难很好地区分孩子到底是拒绝进食还是食欲不振，孩子如果长期拒绝进食就有可能演变成食欲不振。所以当孩子出现饮食问题时，首先就要区分他们到底属于哪种情况，然后再对症下药。

游戏配合 ◆

游戏名称：小小勘察员

适用年龄：3~4岁

游戏目的：引起孩子吃饭的兴趣，让孩子轻松进餐。

游戏方式:

 **Step 1**

准备一些青菜、炒锅、铲子和各种
调味品。

Step 2

让孩子和妈妈一起择菜、洗菜。

Step 3

妈妈切好菜,放到盘子里。

Step 4

妈妈开始炒菜,让孩子在旁边帮助递各种调味品。

Step 5

当菜炒好后,妈妈和孩子一起把
菜端到桌子上,摆好餐具,大家一起
吃饭。在大家吃饭过程中要对孩子进
行表扬。

☆**家长观察笔记**

_____

_____

_____

_____

_____

_____

_____

02 给儿童合理的饮食结构

蒙台梭利老师怎么说 ◆

在物质方面，成人有义务去给幼小的儿童提供充足的营养。我们要想方设法地去照顾他们，儿童如果在物质上有所缺乏，往往会造成他们尊严上的缺失。

在保证他们尽可能营养充足的时候，家长往往会遇到一个难题，那就是孩子可能会出现挑食的恶习，这是一件令人非常头疼的事情。孩子的身体成长需要不同的营养物质，如果孩子挑食只喜欢吃一种食物，那么就势必会影响其他营养物质的吸收，不利于孩子的健康成长。所以，家长要尽可能想办法帮助孩子平衡饮食，让他们养成不挑食的好习惯。

——摘自《家庭中的儿童》

专家解读 ◆

健康饮食金字塔分为五个层次，我们家长可以一层一层地向孩子作介绍。比如，家长可以拿着金字塔向孩子指着第一层说，这是金字塔的第一层，是需求量最大也是最重要的一层，他们是什么呢？对，就是谷类。介绍完后，家长可以问孩子谷类包括哪些东西，让他列举生活中吃到的属于谷类的食品。在孩子回答完后，向孩子展示谷类有具体的哪几类，并向孩子解释我们为什么要吃这些食物。最后，可以用一首儿歌帮助孩子加深记忆。金字塔的其他层也按照这样的模式进行介绍。

游戏配合 ❖

游戏名称： 我是营养师

适用年龄： 3~4 岁

游戏目的： 制定合理的饮食结构，帮助孩子养成不挑食的好习惯。

游戏方式：

Step 1

准备各种食物的图片、一些盘子、一张健康饮食金字塔图。

Step 2

妈妈为孩子设置一个场景。比如，孩子是营养师，在自助餐厅给生病的妈妈搭配食物来调节身体。

Step 3

食物的图片全部摆在桌子上，孩

子手里拿着盘子来到图片旁进行挑选。

Step 4

端到妈妈身边后，妈妈问孩子选择这些食物的原因。

Step 5

从孩子选择的食物中挑选 2~3 种，和孩子一起讨论这些食物的搭配是否合理。

Step 6

妈妈对最后的讨论进行总结发言，并拿出健康饮食金字塔图向孩子介绍什么是合理的饮食结构。

☆ **家长观察笔记**

_____

_____

_____

_____

_____

_____

_____

03 培养儿童按时吃饭的习惯

蒙台梭利老师怎么说 ◈

很多孩子都或多或少地存在饮食上的问题，不规律饮食就是其中一个。家长要想纠正这个问题，就要从多方面下手去解决。

在生活中，家长应该对孩子的规律饮食多加重视。食物能够帮助孩子成长，是对孩子有益的，但是并不是说要一直给孩子食物。我们常常有这样一个偏见：想要孩子健康成长，就要给孩子不断地喂食。所以，我们常常会发现在大街上，孩子手里总拿着吃的。其实这是不对的。我们知道孩子的消化系统十分脆弱，如果不加节制地去吃东西，会给孩子带来巨大的损伤。所以父母应该严格规定孩子的进食时间，养成规律的饮食习惯。

——摘自《蒙台梭利敏感期早教手册》

 **专家解读** ❖

　　孩子不规律的饮食有时与家长有直接的关系，我们试想一个一上午都在吃零食的小朋友，在正常的午饭时间他还会想再吃东西吗？显然不会。所以，有时要让儿童保持一定的饥饿感，这样有利于他规律饮食，也有利于儿童健康成长。

　　在家庭中，有时父母叫很多遍，孩子就是不过来吃饭，针对这种情况，一方面父母要告诉孩子："以后我们只叫你一次，叫一次你不来吃饭，我们就会收拾碗筷，收拾完碗筷之后，就不许再吃饭也不许吃零食。"久而久之，孩子会意识到父母叫吃饭就该去吃饭，不然就会饿肚子；另一方面我们给儿童买的碗筷应是儿童所喜欢的，最好是他自己挑选的，这样也会促成他按时吃饭的习惯。

游戏配合 ❖

　　游戏名称：肚子咕咕叫

　　适用年龄：1~2 岁

　　游戏目的：让孩子主动来吃饭，培养孩子按时吃饭的习惯。

　　游戏方式：

 **Step 1**

准备儿童桌椅和一些美味的食物。

Step 2

让孩子坐在餐桌前，让他自己吃饭。

Step 3

孩子如果不愿意吃，父母可以用儿歌帮助他们进食。比如：肚子咕咕叫，饭菜就来
到，你一勺，我一勺，肚子不再叫。

☆**家长观察笔记**

04 让儿童爱上水果

 **蒙台梭利老师怎么说** ◆

　　水果和蔬菜是对人体非常有益的东西，但并不是所有的水果和蔬菜都适合儿童食用，像生菜和无花果就不适合儿童吃。但是除了这些，有许多蔬菜、水果都非常适合儿童食用，像桃子、杏、葡萄、菠菜等。所以为了孩子身体健康，我们就要精心挑选适合儿童食用的果蔬。

　　当然，果蔬越新鲜就越适合于儿童，尤其是刚刚采摘下来的，更有助于营养物质的吸收利用。但是，父母也要从果蔬的成熟度、果肉的坚硬程度、酸甜度等方面进行综合考虑，看是不是适合自家儿童食用。在孩子吃水果时，也要注意去掉孩子不易消化的果皮和容易产生危险的果核。

　　在水果蔬菜的选择上也要考虑孩子的喜爱程度，把孩子不喜欢吃的果蔬硬塞给他，会引起孩子对果蔬的反感，这样就得不偿失了。

——摘自《蒙台梭利早教游戏》

专家解读 ❖

　　水果和蔬菜的种类选择要看儿童的喜爱程度，如果孩子表现出对蔬菜和水果的反感，我们要思考其中原因。对于某种蔬菜的不喜欢，很可能是因为家长的烹饪方式不合孩子的胃口，而不是孩子真的不喜欢这种蔬菜；如果孩子不喜欢吃水果，可以买些水果模具，做成儿童喜欢的形状，唤起孩子吃水果的兴趣。

游戏配合 ❖

　　游戏名称：拼拼看

　　适用年龄：2~3 岁

　　游戏目的：引起孩子吃水果的兴趣，让孩子爱上吃水果。

　　游戏方式：

Step 1

　　准备两个苹果（可换成其他水果）、一把水果刀、两个盘子。

Step 2

　　把两个水果盘放在桌子上，让孩子拿着切好的苹果在另一个盘子里拼图。

妈妈拿着水果问孩子："你知道这是什么水果吗？"看看孩子能不能回答上来。

☆ **家长观察笔记**

_____

_____

_____

_____

_____

_____

05 让孩子养成爱喝水的习惯

 **蒙台梭利老师怎么说** ❖

　　水对于任何人都是极为重要的，我们的肌体是离不开水的，每天都需要大量的水分，但是儿童并不懂这些，所以我们父母就要保证每天给孩子补充水分。

　　补充水分最好的是白开水，如果在外面，则最好选用纯净的矿泉水。超市里有许多五颜六色的饮料在吸引着儿童的注意力，但是，往往这些饮料并不适合儿童饮用，发酵型的饮料会刺激孩子的神经系统，让孩子处于兴奋状态。酒和咖啡型的饮料更是万万不能拿给儿童饮用。

　　在家庭中，如果儿童不愿意饮用白开水，也可以用炒熟的麦芽和大麦熬制水让儿童饮用。

——摘自《蒙台梭利早教游戏》

专家解读 ❖

　　儿童的模仿能力是非常强的，尤其是2~3岁的儿童，所以我们可以利用儿童善于模仿的能力去帮助儿童养成喝水的好习惯。所以，父母在儿童面前要常常喝水，并做出一些夸张的姿态，让孩子对喝水产生兴趣。

　　为了避免儿童喝饮料，我们在家里就不要备有饮料。如果孩子实在想喝，就去买一瓶，一次性饮用完，以免孩子总想喝饮料而不去喝水。

游戏配合 ❖

游戏名称：咕咚咕咚把水咽

适用年龄：3~4岁

游戏目的：让孩子了解水的重要性，帮助儿童养成喝水的习惯。

游戏方式：

Step 1

妈妈和孩子一人一个杯子（孩子的杯子要精致可爱），还有一个盛凉白开的水壶。

妈妈往杯子倒好水。

Step 3

妈妈和孩子各自拿着自己的杯子。

Step 4

妈妈和孩子碰杯，然后比赛谁先把水喝掉。

Step 5

妈妈要故意放慢喝水速度，以让孩子先喝完。然后对孩子说："哇，宝贝真棒，比妈妈喝得都快！"

☆家长观察笔记

_____

_____

_____

_____

_____

_____

_____

Part 3

从冒失鬼到
优雅儿童

01 端正孩子的身体姿态

 **蒙台梭利老师怎么说** ◆

　　一个站有站相、坐有坐相、走路优雅的儿童总是令人印象深刻。在"儿童之家"，儿童的站姿和坐姿都是老师教过的。

　　在"儿童之家"刚刚开始教学的时候，因为书籍和教具都不是很充足，所以我们刚开始就是从儿童的日常生活习惯开始教育的，这其中就包括站姿和坐姿。我们老师会一边向孩子们讲解正确的规范一边做出示范。给孩子们讲解坐姿时，老师会先让孩子们保持安静，之后把双脚合并在一起，双手放在桌子上，头要正，不要歪向一边，眼睛要直视前方。在孩子们练习结束后，就会学习站起来唱儿歌，由此，老师会抓住机会教孩子们正确的站姿。

　　儿童的生活技能掌握要通过活动来完成，走路也是，只听讲解并不能学会走路。孩子们天生就喜欢活动，但有时我们成人就会阻止孩子活动的天性，我们常常会听到有些学校的老师吼道："老老实实待在那里不要动！"但孩子并不会服从，因为这不符合他们的成长规律。孩子只有通过活动，才能锻炼身体的平衡能力。所以成人要通过合适的方法教导孩子正确地运动，帮助他们成长。通过不断的练习，孩子们自会拥有正确的走姿。

但无论是坐、是站、是走都要保持安静，这样才能从一个冒失鬼变成优雅的儿童。

——摘自《蒙台梭利早教游戏》

 **专家解读** ❖

孩子在学习坐姿时并不可能一下子就学会，所以家长要有耐心。一般家里都有沙发，所以家长也要教孩子怎么坐在沙发上：背部可以放松，但是腰部要挺直，胳膊要自然下垂，腿顺着沙发自然放好。在生活中，可以锻炼孩子坐姿的地方有很多，在吃饭、做作业时都可以。

正确的站姿是有利于儿童身体协调的，而且还能保护孩子的脊椎。父母的站姿要好，孩子会不自觉地进行模仿学习，加之他反复练习，就会有很好的站姿。当发现他不能直立地站着时，家长要及时提醒。

优雅的走路姿态会给人神采奕奕的感觉。正确的走路姿态会锻炼孩子的身体平衡能力，让身体的整个形态都得到锻炼。

游戏配合 ❖

游戏名称：大家来踩线

适用年龄：2~3岁

游戏目的：让孩子的走姿变得优雅、稳健。

游戏方式：

 **Step 1**

在地上画一圆或是直线。

Step 2

爸爸在前面向孩子演示踩线走的姿势，前脚接着后脚沿着线向前行走。

Step 3

孩子模仿爸爸的姿势，爸爸不要对孩子过多地干涉，只需要让孩子模仿就可以。

Step 4

孩子掌握后，就可以让孩子自己去走了。

☆**家长观察笔记**

_____

_____

_____

_____

_____

_____

02 引导孩子学习见面礼节

蒙台梭利老师怎么说 ◆

　　一个懂礼貌的孩子，是人人都喜欢的。为了让孩子们掌握良好的行为礼仪，我研究了一套可以让孩子保持行为举止优雅得体的游戏。这套游戏包括分手和见面的礼仪。儿童在游戏中进行这些训练，逐渐就养成了良好的行为礼仪。

　　在这套游戏中，孩子们不仅要参与游戏，还要观看那些行为好的孩子的动作，看他们是如何去做的，然后孩子们通过观察与模仿，就慢慢培养起正确的行为礼节了。

　　日常生活中，在我们教授孩子礼仪的过程中，不要不顾孩子的自尊心对他们的行为进行指指点点，而是要用爱心去指导他们正确的做法。

——摘自《蒙台梭利早教游戏》

专家解读 ◆

　　在我们指导孩子的行为礼仪时，我们要为孩子们讲解这样的礼貌行为是如何重要，从而去营造一种庄重感，儿童也会自然而然地重视这件事情。

　　指导行为礼仪不能一味地在家庭里办"过家家"，而是要营造机会多让儿童参与社交活动。实际的生活场景更能加快孩子的成长，因为在这个过程中，他可以观察到别人的行为，从而进行模仿练习，而且实际的生活场景也可以锻炼儿童的胆量。

游戏配合 ❖

　　游戏名称：握握手，交朋友

　　适用年龄：3~4 岁

　　游戏目的：掌握正确的握手方法，培养良好的交往习惯。

　　游戏方式：

Step 1

爸爸和妈妈面对面演示正确的握手方法。

Step 2

让孩子以正确的姿势从椅子上站起来，走到妈妈面前，模仿刚才爸爸向妈妈做出的动作。

Step 3

孩子伸出右手，握住妈妈的右手并微笑地看着妈妈的眼睛说一句"你好！"

045

☆家长观察笔记

_____

_____

_____

_____

_____

_____

_____

03 教导孩子礼貌待客

 **蒙台梭利老师怎么说** ❖

生活中，有些孩子看到家里有客人，不但不会去打招呼，还会直接走回自己的房间把门关住，这是非常不礼貌的行为。我们作为家长有必要纠正孩子不正确的行为，培养他们礼貌对待客人的素养。

"儿童之家"在这方面就做得很好。在儿童之家，老师会教到这些，学员会在老师的教授中轻松掌握这些礼貌的行为，还会通过观察别人的行为进行模仿练习。

其实，儿童有天生的自尊需求，出于这种自尊的需求，孩子们自然想在别人面前展示自己最好的一面。他们会认为礼貌地对待客人，为客人服务是非常荣幸的一件事，从而表现出很好的待客之道。

这里有一个小故事可以和大家分享。有一次，一个非常重要的客人要来"儿童之家"参观，我对老师说"顺其自然，不要给孩子们做任何指导"，之后，我告诉孩子们："明天有一个客人要来看大家，我希望他看到你们是世界上最好的孩子！"之后，客人到来之后，孩子们非常礼貌地对他进行了接待。他们会给客人搬来小凳子，并对客人说："请坐。"当客人走时，他们从窗户对客人喊道："谢谢你的到来！再见！"

一开始我以为是老师们干涉了孩子，对他们进行了教导。后来我才知道这些都是孩子自发的行为。因为我们在平时开发并顺应了孩子的自尊要求，所以，孩子们的这些礼貌行为就自然而然地发生了。

——摘自《蒙台梭利早教游戏》

 **专家解读** ❖

孩子们都有自尊的需求，所以我们在平时要尊重孩子，让他们知道良好的行为可以为自己赢得自尊。在平时，我们也要给孩子充足的锻炼机会，不要嫌孩子太小或是不能做得很好就阻止孩子。

在孩子沏茶时，我们要特别注意不要让热水烫到孩子。家里来客人时，孩子不光可以给客人泡茶，还可以倒果汁，给客人拿水果等。

 **游戏配合** ❖

游戏名称：沏茶小能手

适用年龄：4~5岁

游戏目的：掌握沏茶的方法，培养良好待客习惯。

游戏方式：

准备茶壶、四个茶杯和一个暖水壶。

Step 2

孩子拿出一些茶叶放在茶壶里，在妈妈的帮助下往茶壶里倒入热水。

Step 3

等茶泡好后，孩子一只手握住茶壶的把，另一只手的食指和中指按住茶壶盖子，小心翼翼地往茶杯里倒茶。

Step 4

采取相同的方法倒满其他茶杯，注意茶杯里的水不要太满。

Step 5

倒满的茶杯放在茶盘上，妈妈帮助孩子端到茶几上，让孩子把茶杯放在客人面前并说："请喝茶！"

☆家长观察笔记

---

04 让孩子礼貌地接受物品

 **蒙台梭利老师怎么说** ❖

　　儿童的早期教育要有效，我们成人就要鼓励儿童做一些他能力范围之内的活动，让他们以后不要因为无法自立而成别人的负担。基于此，我们必须要帮助儿童学会自己走路、吃饭、捡起掉在地上的东西、接受他人给的物品或是把物品递交给别人等生活技能或是行为礼仪。

　　有时成人只是习惯于去服侍儿童，以至于令儿童丧失了自己去练习的机会，儿童就像是一个木偶任成人拉扯。我们不能一味地去喂他们食物而不教他们怎么去握勺子或是如何把食物放进嘴巴里；我们一边希望孩子能够有礼貌地接受或是递交物品，一边却总是代替孩子去做这些事情，从来没有教过他们正确且礼貌的交往礼仪。所以到头来，孩子永远也做不到我们希望的那样。只有我们给了孩子自由，让他们亲身体验自己想做的活动，才能养成属于他们自己的且正确的行为习惯。

——摘自《发现孩子的潜能》

专家解读 ❖❖

　　我们家长在家可以给孩子进行怎样接受和递送物品的演示，过程中要细心地讲解，也要有耐心。之后，可以和孩子以"过家家"的形式进行演练，在演练过程中，不要对孩子的错误进行毫不掩饰的批评，而是要鼓励式地进行指正，给孩子营造轻松的环境，给儿童足够的时间去反复练习。而且家长要给孩子创造足够的机会，让孩子有切实的机会去接受物品或是递交物品，比如说生日会等。

　　我们要教给孩子，如果物品有尖锐的一角，那么尖锐部位要对着自己。在接受和递交物品时要和对方保持一定距离并面带微笑。

游戏配合 ❖❖

　　游戏名称：双手传递

　　适用年龄：3~4岁

　　游戏目的：让孩子学会接受或递交他人的物品，学会正确的交往礼仪。

　　游戏方式：

Step 1

　　准备一本大小合适的书，妈妈和孩子面对面地站着。

Step 2

把书放在孩子手里，指导孩子双手捉住书的右下角或是左下角。

Step 3

在交给对方时要说一些礼貌的话，例如"谢谢你"。

Step 4

妈妈接过孩子递交的书，并做好再次递交给孩子的正确姿势。指导孩子，在接受别人递过来的东西时，要用两只手拇指在上、四个手指并拢在下面的姿势接，并说一些礼貌用语。

☆家长观察笔记

_____

_____

_____

_____

_____

_____

_____

Part 4
纠正孩子的性格缺陷

01 占有欲强会导致孩子偏离正常成长轨迹

 **蒙台梭利老师怎么说** ❖❖

　　正常的儿童对于环境有一种天生的热爱，这种热爱会驱使他们主动走向环境之中并在环境中获得自己需要的力量。儿童的这种热爱就像一个饥饿的人对食物的热爱一样，它会驱使儿童像饥饿的人一样到环境之中寻找精神食粮。

　　儿童热爱环境，促使儿童持之以恒地进行活动也可以让他们获得正常的生命力。积极向上、有活力的儿童会在适宜他们生活的环境中表现出一种创造力，也就是说，如果环境不适宜他们，这种自我实现的创造力就无法实现。如果儿童缺乏这种环境，他们会变得病态，他们只能看见物品本身，并想占有它们，因为占有某种物品不需要智慧和爱心，是轻而易举就可以办到的事情。

　　几乎所有的道德变形都可以与占有欲扯上关系。占有欲与爱心相悖，儿童一旦具有强烈的占有欲就会让他们的精神走向歧途并义无反顾地走下去。一个占有欲强的孩子就像一个拥有很多触角的章鱼一样，会紧紧抓住并毁掉自己渴望占有的东西。

　　性格比较强的孩子拥有占有欲，他们会表现得比较积极，他们会和其他孩子争斗去捍卫自己想要的东西。孩子为一些鸡毛蒜皮的小事而争斗，但是造成的后果却一点也不小，而且是非常严重的：儿童会偏离正常的发展轨道，引起精神层面的畸变。

性格比较弱的孩子拥有占有欲，他们的表现与强势孩子不同。他们不善争吵，一般也不会和人去争。他们会倾向于收集与收藏东西，这让人们误以为他们是收藏家。但是这些孩子收藏的东西五花八门，没有一定的规律也没有价值可言。病理学将其描述为一种空洞且没有条理的收藏，这是一种怪癖，也就是说是一种心理的不正常。成年精神病和少年精神病一样都有这种症状，他们会在口袋里装满没有用且杂乱的东西。而在现实生活中，我们却误认为表现如此的儿童是正常的。

在孩子的道德教育中，一个很关键的问题就是要教导孩子不能一味地被物质所束缚，在与人相处过程中，要充分尊重别人的财产。如果孩子对物质产生了极度的渴望和依赖性，他们就很可能会偏离正常、健康的成长轨迹，会一味渴求拥有某种外界物质来满足自己的需求。如果这种对外界物质的欲望渗透进孩子的性格，就会导致孩子表现出强烈的占有欲。

——摘自《童年的秘密》

专家解读 ❖

现如今的家庭中，孩子得到的爱是无微不至的，他们习惯于"接受"而不习惯于分享自己所拥有的东西，那么我们在日常生活中就要想尽办法帮助孩子养成乐于分享的习惯。其中方法之一就是让"分享"为孩子们所接受。

这个游戏中，我们可以采用的道具很多，只要是能够吸引孩子的注意力就可以。一些占有欲比较强的孩子，他们在玩这个游戏时，一开始是不愿意去分享的，但是一旦他们愿意把自己手上的东西交给其他人并且知道他喜爱的东西最后还是会轮番回到自己手上之后，慢慢地，他们也就能自然地养成分享的好习惯。

 **游戏配合** ❖

游戏名称：一条围巾大家围

适用年龄：3~4岁

游戏目的：帮助孩子养成乐于分享的好习惯。

游戏方式：

Step 1

妈妈宣布，今天家里每一个人都可以戴一会儿那条很可爱的围巾，但是规定，向别人要围巾的时候，一定得问对方："这个围巾我可以戴一会儿吗？"对方答应后要说："谢谢。"

Step 2

游戏开始，爸爸首先戴着那条围巾，孩子走过去问："爸爸，这个围巾我可以戴一会儿吗？"他成功戴上了。过一会儿，妈妈找孩子要围巾，然后爸爸找妈妈要围巾。这是一个完整的循环。

可以。

爸爸，这个围巾我可以戴一会儿吗？

Step 3

　　一个循环过后，孩子会再一次向爸爸
讨要围巾，以此开始下一个循环。

☆**家长观察笔记**

02 支配欲强的孩子实则心理脆弱

 **蒙台梭利老师怎么说** ❖

　　和占有欲相关的另一种性格缺陷是支配欲。对儿童而言，成人是一种特别强大的存在，那么儿童就会利用成人，去完成自己所做不到的一些事情，也就是说他在利用成人。这是生活中常见的也最自然的事情之一，孩子们总是能用哭喊或是其他任性的行为让成人完成自己的诉求。童话故事也充分满足了孩子的这类愿望，故事中谁向仙女求救就会得到远远超过常人的恩惠和财富。故事中的仙女就像是生活中的成人，成人最终总会向孩子妥协。

　　儿童从成人那里获得一次妥协就会期待成人的第二次妥协。成人的妥协次数越多，孩子的支配欲望就越强，最终的结果就是孩子与成人之间爆发冲突，成人才会认识到自己把孩子宠坏了。

　　其实，支配欲强的孩子只是看上去比较强势，但他们的内心都是相当脆弱的。如果一味地对他们提出的请求置之不理，他们很可能产生"爸爸妈妈不爱我"的印象，这对孩子是相当不利的。

——摘自《童年的秘密》

专家解读 ❖

　　我们说孩子就像是一块待塑造成型的土坯，在真正定型之前都不要把儿童表现出来的性格缺陷看成不能改造的人生污点。而且孩子的性格缺陷往往都是成人的行为所造成的。孩子的支配欲望强，就跟家长毫无限制的帮扶有关。但一旦孩子具有很强的支配欲，家长绝对不能操之过急，要循序渐进。让孩子尽可能在比较舒缓的节奏中慢慢改掉支配的欲望。

游戏配合 ❖

　　游戏名称：涂色

　　适用年龄：3~4 岁

　　游戏目的：帮助孩子消除过强的支配欲。

　　游戏方式：

Step 1

　　家长和孩子一人一支笔，分别在各自的涂色书上画。

Step 2

但孩子没有画好，要求家长画的时候，家长要与孩子一起商量："我们一起画好不好？你自己画出来的才最好看。"

Step 3

家长要尽量减少自己的涂画动作，看孩子亲自涂色。

宝贝涂得真好！

☆ **家长观察笔记**

03 "正面教养" 远离自卑

 **蒙台梭利老师怎么说** ❖

　　我们家长都是十分爱自己的孩子的，这一点毫无疑问，家长确信自己的孩子是完美的，是最讨人喜爱的，并期待他们在未来取得辉煌的成就。但是在日常生活中，我们家长却又对孩子表现出一味的"不信任""不鼓励""不尊重"。

　　成人已经不再注意日常生活中的连续性，因为这已经成为一种习以为常的事情。当成人早晨起来，他知道先做什么，后做什么，这是成人生活中的常态，成人活动的连续性似乎是自动的，所以不再引起注意，正像人的呼吸一样，没有想着心脏在跳动也没有发现心脏在跳动。但是儿童却不同，儿童活动的连续性还没有建立起来，成人又要来打破儿童建立起的连续性，比如孩子在游戏，成人来了，想让他去散步，于是给他穿好衣服就带走了；或者孩子正在干活，比如把小石子装进小桶里，但是妈妈的好友来了，于是妈妈中止孩子的工作，领他来见好友。在儿童的环境中，成人总是不断地干涉孩子，而从不与他们商量也从没有考虑儿童的感受，就断然安排他们的生活，在父母的眼里，孩子的活动似乎毫无意义。父母也会表现出对孩子极其的不信任，当父母看到一个孩子正在端着一杯水，小心翼翼地走着，父母会如何表现？他们很可能会着急地接过杯子，好像生怕孩子把杯子打碎一样。

在这些生活体验中，儿童发现，一个成人在打断另一个成人的活动时总是说一句"抱歉"或是"劳驾"，但是却没有对自己的孩子说过，成人不会担心杯子摔坏而接过另一个成人手中的杯子……于是儿童感受到自己是与成人不同的，自己是低能的、应当服从所有人的，是做不好任何事的。

所以，我们一边"爱"着我们的孩子，一边却毫不留情地对他们表现出"轻蔑"，儿童的自尊心在受着摧残。久而久之，儿童不断地对自己感到失望，他会越来越确信自己是个低能和无用的人，"自卑"就自然而然地形成了。

自卑的孩子会在成长的道路上遇到很多问题。例如，遇到任何事时他们都会认为自己是很卑微的，认为自己无法去完成任何事；在情绪上，自卑的孩子会时常感到痛苦、胆怯、爱哭，等等。

相反，一个不自卑或是说正常的孩子会显现出的是自信和果敢，就像在"儿童之家"的学员一样。他们即使在假日，也能够自己进入教室并进行"工作"，即使没有任何老师在场。

——摘自《童年的秘密》

专家解读 ❖❖

帮助儿童树立自信心是我们在教育过程中必须要做的事情，我们可以采取的方法是去选择相信孩子、鼓励孩子并充分肯定他们的存在感，即"正面教养"。在他们想独自完成一件事情时不要去打断他们，在他们跌跌撞撞地完成一件事后要给予充分的鼓励与夸奖，要像对待一个大人一样的去尊重他，从而帮助他们建立自信心。

表扬孩子的时候不要总是说"你真棒""你好聪明呀"这样的话，要针对孩子具体的行为进行针对性的表扬。这样才能强化孩子做事的自信心，从而让孩子远离自卑。

 **游戏配合** ❖

游戏名称：我能行

适用年龄：4~5 岁

游戏目的：帮助孩子建立自信，远离自卑。

游戏方式：

Step 1

在每天完成事情之前，家长和孩子约定要一起喊口号"我能……"尤其是在完成对孩子而言较难的事情时。

Step 2

与孩子达成一致后开始施行。例如在吃饭前，家长和孩子一起喊："我能吃光碗里的饭！"在洗澡时，一起喊："我能自己洗白白！"

Step 3

在生活中要多多采用这个方法。

我能吃光碗里的饭！

☆家长观察笔记

_____

_____

_____

_____

_____

_____

_____

04 利用孩子的无知会导致孩子胆小

 **蒙台梭利老师怎么说** ◆

　　我们时常会认为儿童的胆小是天生的，有些小孩对任何事物都表现出胆小，他们草木皆兵；而有些孩子，他们在大多数情况下会表现得十分坚强，但是在特定的环境下也出表现出我们难以理解的胆小特质。

　　胆小在对成人十分依赖的儿童身上尤为常见。成人对于儿童而言就是高大、无所不知的象征，但是儿童是相对"无知"的，我们会时常发出"我的孩子为什么会如此胆小？"的问句，但其实又在促成着儿童的胆小。正是因为我们成人利用了儿童的无知，才让他们变得胆小。例如，我们会说："你再不睡觉，黑暗里的怪物就会来抓你。"我们知道外面没有怪物，但是孩子却不知道，利用这点，成人达到了让孩子睡觉的目的，但是从此之后孩子对黑暗产生了恐惧，让他们在环境黑的情况下变得胆小。

　　亲身经历周围环境的一切，会让孩子在其中吸取经验以便他们变得不再胆小。所以我们如果想要纠正孩子胆小的问题，就要帮助他们多多接触现实世界，去引导他们体验生活中发生的一切，了解周围的世界，这样可以将他们的恐惧心理逐渐减小，最终他们变得不再像之前那样胆小。

——摘自《童年的秘密》

 **专家解读** ◆

孩子胆量的锻炼是一个循序渐进的过程，家长万不可太过于着急。曾经有一个家长，由于孩子怕黑，为了克服孩子怕黑这个问题，他采取的就是强迫式的方法。他强迫孩子晚上自己关灯睡觉，对于孩子的哭闹不理不睬。最终孩子是不怕黑暗了，但是这种经历很可能在儿童心里留下阴影，对他们造成极为不利的影响。

正确的锻炼方法就是让孩子多多去接触这个社会环境。例如，见到生人就害怕的孩子就可以让他们多多去与外人接触；怕黑的孩子可以让他和家长一起在晚上逛逛超市，等等。

 **游戏配合** ◆

游戏名称：我要买雪糕

适用年龄：3~4岁

游戏目的：锻炼孩子的胆量，让孩子不再胆小。

游戏方式：

 Step 1

在家里与孩子玩"过家家"的游戏，妈妈扮演商店里的售货阿姨，孩子则扮演顾

客。孩子都喜欢吃雪糕，就让孩子
练习说："阿姨，我要买雪糕。"以
此来锻炼他的交际能力。

Step 2

在现实生活中，当孩子真的想
吃雪糕时，就带他一起去超市，让
他自己对售货员说出他想要的东西
并询问价格等。

☆**家长观察笔记**

Part 5

锻炼儿童的意志力

01 意志萌发的诸多表现

　　一个人的意志是指决定达到某种目的而产生的心理状态，这种心理状态的外在表现都体现在人的行动之中。其实不管人做任何事情，都会受自己的意志所影响，就比如走路、工作、说话、写字或是睁开眼睛去看或是选择闭眼不看，这些统统体现了一个人的意志。

　　如果一个人没有外在的行动，就体现不出个人的意志。就像一个人只是在空想但是却没有付诸行动，他想去拜访好友却没有去，他想写信给别人却没有写，也就是说他没有完成意志的行动。

　　儿童的意志从什么时候开始萌发？他有没有建立自己的意志？我们可以观察他的一些行为以作判断。孩子如果可以从很多物品中挑选出自己所喜爱的那个；能拿出某种食物但控制自己不吃，而又把它放回原位或是分享给其他小伙伴；能够在很想玩某种玩具时等待别人玩完；能够集中精力去做一种练习并在练习的过程中逐渐纠正自己的错误；能够待在自己的座位上不动，直到老师叫他的名字才站起来；能够站起来时尽量不让桌椅发出声响等。当孩子表现出以上行为时，我们就可以知道，孩子已经具有了自己的意志，而意志是影响孩子发挥才能的关键因素。

——摘自《发现儿童》

专家解读 ◆

意志力在孩子成长过程中极为重要，所以我们家长总会希望孩子能够获得足够的意志力，希望他们在面对是非时能够做出正确的判断，能够在人生的道路上控制自己的欲望，不要偏离正确的道德轨迹。意志力作为一种与自主意识共同发展的潜在能力，对儿童一生都有极为重要的影响，而且它是可以进行有目的的定向训练的。

趋吉避利是孩子的天性，孩子在困难面前选择逃避是天性，家长不要过于指责孩子，这样只能适得其反。培养孩子意志力是一个循序渐进的过程，万不可操之过急。

游戏配合 ◆

游戏名称：取糖果

适用年龄：2~3岁

游戏目的：建立儿童的意志力。

游戏方式：

Step 1

准备一些色彩、软硬程度、酸甜度不同的糖果。

Step 2

父母和孩子围坐在一起，告诉孩子，今天我们来玩选糖果的游戏。

Step 3

妈妈首先讲解游戏规则，从很多糖果中选择出一种自己最喜欢的并说明理由。

Step 4

让孩子做出选择并说明自己的理由，如果孩子不能做出选择，家长要耐心引导孩子，直至孩子能够大方做出自己的选择。

☆ **家长观察笔记**

02 建立冲动与抑制的平衡关系

 **蒙台梭利老师怎么说** ◆

    我们拥有意志，其实就拥有一种制约冲动的力量，而且意志会指引我们的行为合乎理智。我们所有的行为其实都是冲动和抑制达到平衡的结果，也就是意志之下的结果。

    在冲动和抑制这两种力量之下，我们通过不断的重复行为，就会养成我们的习惯或是说个性或是说一种无意识下的处理事情的方式。有了这些习惯，我们做事就不用付出过多的思考，而是一种习惯性的动作。例如，如果我们说一个人有教养，就是说在大多数情况下，那个人都能够不加思考地做出合乎教养的行为，这种合乎教养的行为已经成为他的习惯。

    在儿童身上，冲动和抑制还没有达成平衡，他们还没有拥有属于他们自己的个性。但是我们知道冲动和抑制最终都会发生在每个人身上，只是时间的快慢问题而已，那么作为教育者，我们有义务帮助儿童促进这种平衡早些到来。我们这样做不是为了把他们个个培养成懂礼貌、拥有良好品德的绅士，而是希望锻炼他们的意志品质，从而建立冲动与抑制之间的平衡关系，最终帮助他们更好地融入社会。

一旦获得冲动与抑制的平衡，他们就能够懂得尊重他人的工作，能够等待而不是掠夺别人手里的东西；能够在走路时不让桌椅发出声响、不撞到小伙伴……

——摘自《发现孩子》

专家解读 ❖

锻炼孩子的意志力，让他们实现对自我的控制，最好的方法就是让孩子通过内心的力量对自己进行规范和控制。一旦孩子在内心形成秩序感，能够实现自我控制，意志力就自然而然地形成了。这个过程中，我们不能过于急躁，否则会对孩子造成伤害，到最后，孩子的意志力没有建立起来，还有可能陷入自卑当中。

游戏配合 ❖

游戏名称：玩积木

适用年龄：3~4 岁

游戏目的：通过游戏锻炼儿童的意志力。

游戏方式：

Step 1

准备两种不同的且相对简单的积木。

Step 2

妈妈和孩子分别挑选一种，独立进行搭积木的游戏，并约定要各自玩半个小时之后才可以去交换积木，如果时间不到半小时又不想玩自己的，可以站在旁边看别人玩，直到时间足够。

Step 3

妈妈要观察孩子，如果半小时不到孩子就要玩自己手里的积木就要对其进行劝阻。如果实在不行，也不要对孩子进行责骂，要耐心引导，使得孩子在下一次游戏中遵守游戏规则。

☆ **家长观察笔记**

03 培养坚持不懈的性格

　　我们知道，智者贤能之辈都给人一种印象：他们不食人间烟火，工作起来殚精竭虑、专心致志。我们读到过牛顿忘记吃饭的故事；我们也知道阿基米德的轶事，他没有听到叙拉古城被罗马士兵攻占时发出的喧嚣，而是一心扑在几何计算上面。因为这些科学家，人类文明才得以进步。这些伟人之所以能取得这些成就，与其说是因为他们的博学，倒不如说是因为他们埋头苦干、坚持不懈的精神，而这些精神都源于他们拥有内心的平静与不被外界所打扰的状态。

　　能拥有这种状态，人的内心才会无比坚强。我们每个个体都有内心的需求，由于这种需求，我们才会全力以赴地投入某项工作当中。工作中保持全神贯注，要求我们要不被人打扰，要彻底的独处，如果他人打扰我们，就是在破坏我们全神贯注地进行工作。不被外界环境打扰有时是我们维持内在心灵平静的保障，所以我们要求独处，旨在保持内在心灵的独处。伟人的心灵一般孤独且安静，这样他们才能够解决人类的大问题。而且所处的外界环境越有序越有利于心灵达到安宁，而心灵的孤独与安宁会更有助于储备日常工作所需的力量，这两者相辅相成。

我们在儿童身上就会发现这种内心无比安宁的状态，显然这种状态并不是伟人所专有的，而是人类的常态，但是只有极少人能把这种状态维持到成年之后。我们通常认为儿童不可能长时间集中精力在某件事情上，但是我却发现一个四岁的小女孩可以十分专注地将大小不同的木质圆柱体插件插入插座的孔状结构中，当所有的插件全部插完之后，她又将它们全部拔出来再次插进去，反反复复地练习。我开始数次数，看她何时结束，当她练习达四十多次的时候，我坐在钢琴旁，请其他学生唱歌，但那个小女孩却始终在重复那样的练习，头也不抬，我感觉她被教具完全吸引住了。等到她终于停止练习，她站了起来，面带微笑，无比兴奋，两只眼睛十分有神，她无比轻松自如，仿佛得到了休息。

——摘自《家庭中的儿童》

 专家解读 ◆

一个人能否废寝忘食、聚精会神地去投入某项工作之中，就像上文所说的要取决于那个人能否达到内心的平静与安宁，这是一种内心的秩序感，靠的也就是我们所说的意志力。意志可以体现一个人的情感和思想，体现一个人的性格。一个有性格的人才能成为一个坚定不移的人，才能通过自己坚持不懈的工作去创造价值。

我们设置的游戏"小脚走直线"就旨在锻炼孩子的意志力，游戏的关键就在于"不能犯规"。对孩子来讲，两脚前后相接压线走十米是一项并不简单的行为，越到后面孩子的工作可能就越容易做不好，这需要孩子具有很好的身体协调能力和耐性，我们需要做的就是帮助孩子坚持到终点。

游戏配合 ❖

游戏名称：小脚走直线

适用年龄：2~3 岁

游戏目的：锻炼孩子的意志力和肢体平衡能力。

游戏方式：

Step 1

在一块空地上画两条十米的平行直线。

Step 2

家长给孩子做示范：从直线一端沿着直线开始行走到另一端。行走的方式：两脚完全压在直线上，前脚跟顶着后脚脚尖，然后后脚前移，脚跟顶脚尖。两脚交替，一直到直线顶端。

Step 3

家长指导孩子进行练习，不能让孩子跨步，为了保持平衡，可以让孩子把双臂打开。

家长可以与孩子比赛看谁先到终点，注意不能犯规。

☆**家长观察笔记**

_____

_____

_____

_____

_____

_____

_____

04 由意志缺乏带来的"怀疑癖"

意志可以说是一个人身上最宝贵、最有价值的一个机能，意志的表现之一就是可以让我们做出选择。而一个意志力薄弱的人，常常会出现一种心理疾病，俗称"怀疑癖"。患上这种疾病的人往往无法做出选择，常常陷入苦恼当中。

我曾经遇到过这样一个人。他平常总是四处收集垃圾，他生怕把什么贵重的物品丢在了垃圾桶里。在垃圾准备被送走的时候，他会挨家挨户地询问别人是不是把什么值钱的东西丢在了垃圾桶里。别人告诉他没有后，他才会离开。但过了一会儿，他有可能再回来询问。他为此也感到深深的痛苦，所以寻求心理医生帮助，看能否找到消除怀疑、增强意志力的办法。

其实，这样的心理问题在我们很多人身上都有表现，只是程度不同罢了。例如，我们离开家的时候会锁门，有的人锁上门之后还会拉一拉看是不是真正的锁上了，甚至离开家了几步又回来检查一下是不是真的锁好了，即使他知道自己刚才确认过门已经被锁好了，但是就是抑制不住自己要回来进行检查。有些孩子也会出现这样的情况。

例如，有些孩子在晚上睡觉的时候会检查一下床下面是不是有猫狗之类的动物，他也知道没有，但就是忍不住想检查一下。这些都是意志缺乏的表现。

如果我们想拥有意志并运用意志达到我们的目的，就要对意志进行必要的训练。

——摘自《蒙台梭利敏感期早教手册》

专家解读 ❖

我们希望儿童拥有顽强的意志，但是有时孩子管不住自己并不是因为意志力薄弱，而是因为他们患有"多动症"。"多动症"是一种疾病，如果我们忽视了它的存在，就会给孩子的发展埋下隐患，患有"多动症"的孩子具有以下表现，例如，多动不安，注意力不集中；平时爱搞小动作；自控能力差，情绪不稳定；做事情非常容易马虎；平衡能力差，容易摔倒；语言发展较慢等。如果孩子有"多动症"的倾向，就要及时带儿童进行问诊。

游戏配合 ❖

游戏名称：听雨的声音

适用年龄：2~3 岁

游戏目的：锻炼孩子的秩序感，增强孩子的意志力。

游戏方式：

选择一个下雨天，召集几个小朋友在家里一起玩耍。

Step 2

妈妈领着几个孩子在家里坐好，然后，妈妈可以故作神秘地说："我们来玩一个游戏好不好，我们听听外面下的小雨滴在说什么。"

Step 3

让孩子都保持安静，静静地听小雨的声音。

Step 4

三分钟过后，让孩子描述一下自己听到的声音。

☆ **家长观察笔记**

_____

_____

_____

_____

_____

_____

_____

Part 6

服从意识和
自律的培养

01 意志和服从相辅相成

　　人们一直认为自由意志和服从是两个对立的概念，而教育就是摧毁儿童的意志，用成人的意志去取代儿童的意志，从而让他们变得服从于我们。人们还认为儿童的意志行为是无秩序的，有时甚至是暴力的。但是并非如此。

　　如果儿童的意志和儿童做出的行为一致，即儿童有了有意识的意志，那么他就会走上自觉的发展道路。儿童就会自发地选择自己的工作，然后不断地去练习。意志并非会导致混乱无序和暴力，在自然状态下，意志会驱使个体进行有益生命的行为。如果我们老师能够顺应儿童的这种发展规律，让儿童自己形成内在的意志，保持内心的秩序，那么服从就会自然地发生。我们的教育自然不是摧毁儿童的意志，而是培养儿童的意志。

　　意志和服从是相辅相成的，而意志是服从的基础。有意识的意志需要在适宜的环境下通过练习和工作发展起来，所以我们要给儿童一个适合发展的外界环境和心理环境。让儿童觉得我们理解他，并且我们能够让他独自完成自己想要做的事并给予足够的信任，这样他们就会认为我们是聪明的，于是开始服从于我们。

——摘自《儿童的心智》

专家解读 ❖

　　我们想让儿童服从于我们，守我们定下的纪律，那么首先要做的就是找到维持孩子内心秩序、让他们达到心灵平衡的方法。有些孩子会表现得没有纪律，不听从我们的规矩，那是因为我们没有给他们营造一个合适的环境让他们达到内心的平衡。对于孩子而言，他们也不喜欢混乱，他们也希望有一定的秩序，但是他们有自己的一套发展规律，有时对于他们而言，混乱也意味着一种秩序。

　　所以在日常生活中，我们更多的是去观察孩子，在他需要的时候提供帮助，在他想独立完成某件事的时候选择沉默，做一个懂他的人。这样他才会对我们敞开心扉，相信我们，继而服从我们。

游戏配合 ❖

游戏名称：点名起立

适用年龄：3~4岁

游戏目的：锻炼孩子的意志力，为服从打下基础。

游戏方式：

 **Step 1**

准备几个凳子和一块黑板，孩子的凳子要轻且令

孩子比较喜爱。

Step 2

妈妈站在黑板前面，包括孩子在内的家里其他人员坐在凳子上并面向妈妈（模拟教室）。

Step 3

妈妈告诉大家游戏规则：点到名字就要站起来且不能让凳子发出声响，没有点到名字之前要保持正确的坐姿安静地坐在凳子上。

Step 4

妈妈挨个点家里其他成员的名字，最后点孩子的名字。

Step 5

反复游戏，直到孩子每次都能正确地站起并不让凳子发出声响。

☆**家长观察笔记**

_____

_____

_____

_____

_____

_____

_____

02 服从和不服从交替出现

 **蒙台梭利老师怎么说** ◆

　　儿童的服从是有一定的发展规律的，一般会经历三个阶段。第一个阶段则是"服从和不服从交替出现"的阶段。这一阶段，服从是取决于成长的程度的，也就是说服从的完成需要身体机能的支撑。服从一个人的命令是需要一定的技能和身体发育支撑的，就像我们不能要求一个人用鼻了进行走路，因为他在生理上是做不到的。所以，这个阶段的儿童，有时不服从于我们是因为他做不到服从，他们在身体上还没有建构完成自己。所以，我们不要期待一个两岁的儿童服从我们的命令。

　　当儿童不再处于0~3岁，他们有时会表现得服从，但有时却不能服从，我们不能把这个时期的不服从简单地理解为任性行为，因为他们的服从行为只是在构筑期，还没有成熟，这就像一个一岁大的小孩有时是可以自己迈出几步，但经常发生的还是跌倒。这个时期他们尚且不能服从自己的意志，更不要说服从于其他人的意志了。

——摘自《儿童的心智》

专家解读 ◆

　　服从的第一阶段是最令家长头疼的一个阶段。我们在教育孩子的时候，有时会陷入一个误区：孩子只要一次能够做好，其实就代表他可以做好这件事，但是事实却不是这样。例如，一个孩子已经知道不能憋尿，要去卫生间上厕所，但是他还是会出现尿裤子的情况。家长就会想孩子是不是故意这样的，于是开始发脾气，甚至动手打孩子，这样对孩子是极其不利的，甚至会在孩子心中留下阴影。孩子其实并不是故意的，只是智力与思维控制还没有达到可以控制的能力。这是一种可以被原谅的行为，但是家长却浑然不知。如果我们了解孩子目前的身体发育还没有达到服从的能力，就可以理解孩子了。

游戏配合 ◆

游戏名称：小脚站立

适用年龄：3~4 岁

游戏目的：观察并锻炼孩子的服从能力。

游戏方式：

Step 1

妈妈播放音乐，孩子和妈妈一起扭动。

Step 2

妈妈告诉孩子："宝贝，妈妈如果喊'停'，咱俩就都要静止不动，直到妈妈开始动的时候，你才可以继续扭动，好吗？"

Step 3

孩子答应后，游戏开始，妈妈在游戏过程中要去观察孩子。

☆**家长观察笔记**

_____

_____

_____

_____

_____

_____

03 儿童迈向"总能服从"阶段

　　服从的第二阶段即是孩子表现得"总能服从"。这一阶段，儿童发展起来自己的能力，接受了自己的意志也能接受别人意志的指挥。从整个服从能力的成长阶段来看，这一时期无疑对于他们和我们来说，都是一个巨大的转变或是巨大的进步。就好像是一种语言被翻译成另外一种语言为他人所理解了一样。孩子领悟了成人的要求并能准确地完成它，这正是我们教育者希望看到的。

——摘自《儿童的心智》

专家解读 ❖

　　服从有主动服从和被动服从的区别。对于成人而言，儿童的主动与被动服从差别不大，其结果都是按照自己的意志去完成某件事情。但是对于孩子而言，主动服从和被动服从显然不同，主动服从，儿童的内心是欢愉的，是充满正能量的，这种欢愉与正能量来源于他的意志与成人的意志相符合；但是被动服从却迥然不同，孩子内心是愤愤不平的，是一种屈服于权威下的顺从，他们从中得不到正能量，成人的意志只是强加在儿童身上。

我们现在的教育体系中，被动服从还是占大多数，这是我们教育者的失败。我们要积极主动地寻找其中原因，并通过改变对待孩子的方式去让他们主动服从于我们。

游戏配合 ❖

游戏名称：动物名字说说说

适用年龄：4~5岁

游戏目的：锻炼孩子的意志力，为服从打下基础。

游戏方式：

Step 1

家庭成员围坐在一起，从中挑选一个人负责点名。

Step 2

点名人开始点名。点到谁的名字，谁就报出一个动物的名字，后面被点到的就不能重复前面人已经报出的动物名。

点名一遍后，从头开始再次点名。第二次点名时，被点人报出的动物名不能和第一次报出的一样。

☆家长观察笔记

_____

_____

_____

_____

_____

_____

_____

04 儿童进入"渴望服从"阶段

 **蒙台梭利老师怎么说** ◆

　　服从的最后一个阶段就是"渴望服从"。在这个阶段中，儿童认识到自己的能力有限，他们会主动服从比自己能力高的成人，这个成人在他们眼里是高大的，是无所不能的。他们期待自己可以成为像这个成人一样的人，所以他们会有迫不及待地服从的欲望。举一个并不恰当的例子：小狗会很喜欢与主人一起玩耍，它会等着主人下达命令，会盯着主人手里的球。当主人把球抛出去时，它会立刻冲出去把球捡回来。在整个过程中，小狗都表现得相当开心并感到十分有成就感。这个阶段的儿童会因为服从而获得乐趣，他们把准确完成一个人的指挥看成一件特别有成就感的事情。

　　一个有着十年教学经验的女老师向我说了一件有趣的事情。有一天，她对学生说："收拾好东西，今晚回家前。"孩子们没有等她把话说完，只听到"收拾好东西"就立即认真且迅速地执行了她的命令。在这之后，孩子们才听到是"今晚回家前"。其实这位老师应该说："今晚回家前，收拾好东西。"她说这种事情发生过好多次，使她感觉到一种负担，她没有经过深思熟虑就说出一句话，感觉到对不起孩子。她班级里的学员都是非常服从于她的，有时她只要把"肃静"写在黑板上，就足以让孩子们保持安静，甚至在她写出"肃"字的时候，这种安静就已经发生了。

——摘自《儿童的心智》

专家解读 ❖

　　一个人服从于另外一个人是一种内心需要的外在表现。我们想让儿童服从于我们，就要从他们内心着手，培养他们的意志，顺应他们的内在力量，从而让服从变得经常发生。实际上服从能力只是意志发展的最后阶段，培养学生的意志，增强他们的意志会使服从变得轻而易举。

　　"123 木头人"这个游戏在很多地方都有，只是形式不同，但是核心思想都是一样的，就是让孩子保持一定时间段的静止。从激烈的运动突然变得安静下来，对于孩子而言是有难度的，但是它的游戏性也比较强，所以还是有许多孩子愿意参与其中。

游戏配合 ❖

游戏名称：123 木头人

适用年龄：3~4 岁

游戏目的：平衡孩子的冲动与抑制，锻炼他们的意志力。

游戏方式：

Step 1

家长与孩子约定好游戏规则：几个人一起玩，其中一个人作为"抓手"，其他人会

躲避"抓手",如果实在躲不开时就喊"123 木头人",喊了"123 木头人"的人就要静止不动,等待其他自由的人触碰解救自己,否则就是犯规。如果"抓手"碰到没喊"123 木头人"的人,那个人就会成为"抓手",而原"抓手"就会成为自由人的一员。

Step 2

游戏开始,选出一个"抓手",开始游戏,在游戏中要遵守游戏规则,喊过"123 木头人"的人就要一动不动。

Step 3

参加游戏的人可以轮流当"抓手",看谁比赛先犯规。

☆家长观察笔记

_____

_____

_____

_____

_____

_____

_____

05 儿童具有"同时"服从的习惯

　　我发现在孩子的服从行为中包含另一种更深层次的含义——整体性，即孩子们具有"同时"服从的习惯，他们有潜在的集体意识。一个班级里，只有所有的孩子都保持了安静，那么教室才能真正地安静下来，如果在这个过程中有一个孩子没有安静，那么大家为安静所作出的努力就会付之东流。大家有意识地保持安静，那么集体意识就油然而生。

　　我将安静游戏引入到课堂当中，在这个游戏不断深入的过程中，孩子们的集体意识会越来越强，保持安静的时间也会越来越长。后来我在安静游戏中又加入了"点名"环节。孩子们尽量保持教室安静，我会轻声喊出一个孩子的名字，被叫到名字的孩子会小心翼翼地站起来，其他孩子保持不动。要想从座位上站起来并不能发出任何声音是有难度的，他们必须非常小心。这就比安静游戏的时间长，后面被叫到的孩子需要等待漫长的时间。而等待是考验孩子耐心的，他们必须抑制住自己想动的欲望，这无形中就锻炼了他们的意志力。

有强烈服从意识的孩子是非常有发展前途的，因为他们能够很快执行老师下达的命令。所以，教孩子的老师就要对命令和服从有深刻的了解，在教学中避免将自己的意志强加在孩子身上，这是所有老师都该具备的。

——摘自《蒙台梭利敏感期早教手册》

 **专家解读** ◆

通过游戏去锻炼培养孩子的服从意识是非常好的一个方法，但是在游戏过程中成人要避免带有惩罚机制，必须是通过引导和游戏来达到目的，一旦有惩罚机制，那么游戏目的就无法达到。

 **游戏配合** ◆

游戏名称：不要说话

适用年龄：3~4 岁

游戏目的：锻炼孩子的意志力，培养他们的服从意识。

游戏方式：

 **Step 1**

一家人约定某个时间段内，大家所有的动作都要轻轻地进行，避免发出任何声响。

游戏开始，大家可以选择任何姿势，但就是要保持不要发出声音。

比赛看谁维持不发出声音的时间久。

☆ 家长观察笔记

_____

_____

_____

_____

_____

_____

_____

Part 7

建立儿童身体与精神的自由独立

01 允许儿童"自由"成长

如果儿童正常发展，就会显示出明显的独立倾向。其实，人从生命之初就在努力地争取着独立，在自然发展中，儿童会获得越来越大的独立性，就像离弦的箭一样，准确而强劲地发射出去。儿童获取独立与自由是自然发展的过程，这就是珀西·农所说的"生命冲力"，即个体存在一种强劲的生命力，它自会指导生命个体不断地进化。

儿童发展自身的独立与自由包括身体层面和精神层面，关于要给予儿童身体与精神方面的独立与自由，给出令人信服的理由其实并不是一件容易的事。看看我们以前是怎样对待新生儿的，人们会给婴儿戴上帽子以防止他们长大之后耳朵突出来；有的妈妈还会时不时地将一将或是捏一捏婴儿的小鼻子，她们认为这样做会让孩子长出又高又尖的鼻子。但是决定孩子耳朵与鼻子长成什么样子的并不是这些外在的力量，而是自然规律。我们只需要顺应自然，给予儿童足够的自由，他们就会长成他们该长成的模样，而我们人为的干涉并不能改变什么。

同样，在儿童精神层面上，我们也会有误解，我们曾经认为，我们可以帮助儿童形成性格、发展智力，教他们表达情感。所以，我们会时常忧虑：我们要怎样帮助儿童发展这些能力呢？就像是捏一捏孩子的鼻子那样，我们也要用一些方法去束缚他们吗？但是，实际上，儿童的性格、智力、情感等与身体一样，是受自然控制且伴着身体发展自然形成的，我们只需要给予他们足够的自由让他们自然地成长起来，所以我们要始终遵循一点：不为儿童的自然发展设置任何障碍。我们教育者应该思考的问题是：应该给孩子怎样的自由，设计出怎样的一套教育方法，才能更好地帮助儿童成长。

——摘自《发现儿童》

专家解读 ◈

在我们以前的观念里，孩子刚开始的成长都是没有意识的，只有当他们的自主意识发展到一定阶段，他们才会出现主观意识下的成长，而在他们没有形成主观意识之前，我们就有义务帮助儿童构建他们的意识。但是蒙台梭利利用大量的试验和分析向我们揭露了孩子的成长过程其实都是顺应自然的成长之旅，我们能做的其实十分之少，我们只需要顺应孩子的成长规律，并在他们需要的时候做出一定的指导就可以。

游戏配合 ◈

　　游戏名称：花儿"喝水"

　　适用年龄：3~4 岁

　　游戏目的：培养孩子独立做家务的能力。

游戏方式：

Step 1

妈妈领着孩子看家里的花并找出其中需要浇水的花，然后对孩子说："花儿好可怜，它们想喝水了，我们去给它们浇水吧！"孩子同意后，妈妈和孩子一起准备浇水的工具。

Step 2

将矿泉水瓶的瓶盖拧下来，在盖子上扎几个孔，这个过程要和孩子一起完成并向孩子讲解矿泉水瓶喷壶的用法。

Step 3

盛水后和孩子一起去浇花，约定几天后再一起给花儿浇水，并一直坚持下去。

☆家长观察笔记

02 半岁是孩子走向独立的重要节点

 **蒙台梭利老师怎么说** ◆

　　半岁是孩子走向独立过程中有纪念意义的一个阶段，在这个阶段里，孩子无论在语言能力还是在行走能力方面都会有十分明显的进步，要知道这些都是他们走向独立的基础。

　　6个月大的孩子会长出第一颗牙齿，他们的胃脏开始分泌消化所需要的胃酸，这种自然的身体发展会让他们不吃母乳就可以活下去。要知道这是多么大的进步，因为在这之前他们是接受不了任何其他的食物的！我们可以看出这个时期他们赢得了多么明显的独立，这就好像6个月的婴儿在对我们说："我不想再依赖母亲生存了，我是独立的个体，我现在能吃任何食品了。"同时，在这个时期，孩子开始牙牙学语，掌握语言是孩子在赢得独立之路上又迈出的一大步，当孩子一旦获得语言能力，他们就能表达自己的意愿，而不再需要别人猜测他们的想法。

　　再过一段时间，一岁多的孩子开始学习走路，对于他们而言，走路并不是一件简单的事，在半岁之前他们的小脑与某些神经和骨骼并没有得到充足的发育，他们就没有能够走路的身体基础，但是在 6 个月时，婴儿的小脑开始迅速发展，这种迅速发展的阶段会持续 14 至 15 个月，加之神经系统和骨骼的发育使得孩子具备走路的能力，学会了走路，孩子就可以去到他们想去的地方，他们在迈向独立与自由的路上再一次跨出巨大的一步。

——摘自《儿童的心智》

 **专家解读 ❖**

蒙台梭利认为影响孩子自由独立的因素中，身体因素是最重要的，事实上也是如此。孩子的心理成长和他的生理发展息息相关，或者说，孩子能做什么事情就意味着他们的心理发展到什么阶段，有些孩子三四岁就显得很独立，能够自己去做很多事情，但有的孩子即使上了小学还不会系鞋带，就是这个道理。

但是孩子生理发育到足够能做事与真正能开始做事是有差别的，生理发育只是为儿童能够独立做事提供了基础而已，这一点我们要十分清楚。因为孩子自己能够真正去做事，除了生理支持还需要有长足的学习与锻炼才可以。

 **游戏配合 ❖**

游戏名称：洗洗手绢

适用年龄：3~4 岁

游戏目的：培养孩子独立做事的能力。

游戏方式：

Step 1

妈妈用手洗衣服，让孩子在一边看着。

Step 2

妈妈引导孩子说："看妈妈洗衣服多有趣，宝贝要不要试一试啊？看！还有泡泡呢！"引导到孩子同意为止。

Step 3

给孩子一个小盆、一块可爱的脏手绢、一个小肥皂和一个小凳子，然后指导孩子进行清洗。

Step 4

洗好后，指导孩子拧干水分，一起晒起来。

☆ **家长观察笔记**

_____

_____

_____

_____

_____

_____

_____

03 环境对儿童自由独立的影响

 **蒙台梭利老师怎么说** ◆

在一切顺应自然的发展过程中，孩子的身体得到发展，他们有了消化、说话、行走等走向自由独立的身体支持，当然心理和身体是共同发展的。但是有了这些支持并不是目的所在，就像我们的身体发展说话所需要的器官并不是目的，说话、与人交流才是我们的目的。我们要想让自然创造出的这些东西发挥其应有的作用，一旦器官发育完成，我们就应该立即投入到使用当中，当然使用是要在一定的生活环境下才能够完成的。在适当的环境中，孩子会积累经验，如果没有这些经验的体会，器官就不能正常发挥作用，儿童只有通过环境经验才能发展，我们把这种经验体会称为儿童的"工作"。

孩子一切的发展都应该顺应自然要求，那么我们为了满足他们顺应自然的、独立自由的发展要求，就应该给予他们适合他们发展的生活与学习环境。在现实生活中，很多孩子都对他们所处的环境表现出反感的情绪，在他们看来，周围的一切都难以应对，于是他们变得任性、无理取闹，这些其实都是他们对我们进行反抗的表现，问题就在于我们没有给他们提供一个适宜的环境。我们需要给他们的环境应该是这样的：在这个环境中，他们可以自愿把玩自己感兴趣的东西；成人只是引导儿童进入有序、主动的环境当中。然后，他们根据自己的成长需要进行"工作"，我们不去做过多干涉；我们成人也不再是"法官"而是观察者，只是在他们需要我们指导时适时出现；他们在这个环境中汲取知识，成为意志坚强的人。

——摘自《儿童的心智》

 **专家解读** ❖

在生活中，其实家长有时并不是不想给孩子一个适合他们发展的成长环境，只是大多数情况下我们对孩子缺乏相应的信心，我们不相信孩子离开我们的帮助可以独自去做事。其实这也不能怪家长，毕竟很长一段时间内，父母都在扮演着"法官"的形象，他们用自己的意志去判断孩子哪些该做哪些不该做。我们家长也需要时间去改变自己，从而以蒙台梭利的教育理念去对待我们的儿童。

 **游戏配合** ❖

游戏名称：今天我做主

适用年龄：4~5 岁

游戏目的：培养孩子独立做决定的能力。

游戏方式：

在一个休息时间，家长与孩子进行游戏，家里约定：今天由孩子做主，孩子可以决定家人一天的安排，包括吃什么、什么时候休息等大大小小的一切事情。

Step 2

要求是孩子在做出每一个决定时要说出三个这样做的理由，如果理由合理，家长会照做，如果不合理家长会予以反驳。

Step 3

与孩子约定每个月都会有一天由孩子当家做主，孩子可以提前进行安排并想好理由。

☆家长观察笔记

04 儿童通过自由独立建立自身个性

蒙台梭利老师怎么说 ❖❖

　　儿童在成长过程中逐步扩大自己的活动范围，也就是在逐步扩大自己独立做事情的范围。他们会去拿东西、穿鞋子、脱衣服等，我们会发现在刚开始，这些事情我们并没有要求他们去做，但是他们自己主动去做，这无疑就是他们的自然行为，是自然发展要求他们这样去做。但有时我们会出于各种各样的原因阻止他们独自去做，这无疑是错误的。毫无疑问，他们刚开始做这些时是莽撞的、做不好的，但是如果我们去阻止，就等于是在阻止他们的自然成长法则。

　　那么儿童为什么会自然而然地追求自由与独立呢？原因就在于，他们获得自由和独立之后才可以不断地去保护自己的个性。

　　儿童的性格构造也是分时间段的，第一时期是在儿童 0~6 岁，这个年龄段是人生的关键时期，在这个时期儿童不会受到榜样和外在强迫的影响，他们的性格是由自身发展所决定的；第二时期是在 6~12 岁，这一时期儿童开始认识到什么是善恶，他们会对自己的行为负责，道德意识也开始形成并在以后发展成社会意识；第三时期是在

12~18岁，这一时期儿童会萌生出对国家的热爱之情、集体归属感和荣誉感。在生活中，我们时常会发现很多孩子在性格方面都存在这样或那样的问题，通常可以分为两类，即强势性格和弱势性格。前者会表现出任性、容易发火、具有伤害性等特点，他们通常具有极强的占有欲，注意力不集中等表现；后者则会表现出懒惰和迟钝，他们通常缺乏食欲或是贪吃，他们会容易说谎或是依赖性很强。这些性格问题都是儿童在第一时期受到错误的对待造成的。在第一时期，儿童通常被大人所忽略，他们的心智是空白的，加之在这一时期，家长没有给他们提供充足的活动机会。家长总是为他们大包大揽，没有给他们足够的观察事物的机会，例如总是不让他们去碰物品，不让他们亲自做事情等。久而久之，儿童就会出现性格上的缺陷。

但是一旦儿童获得自由与独立，他们就可以自由地发展他们的个性，在自由独立的支撑之下，孩子就会沿着好的性格进行发展。所以，把塑造儿童性格的工作交给他们自己是我们家长迫切需要去做的事情，但是这并不是说家长可以对孩子放任自流，而是在自由原则下更积极地照顾与帮助儿童。

——摘自《儿童的心智》

 专家解读 ◆◆

在生活中，如果孩子有以下现象，那么就该反省我们自身的教育策略。第一，孩子非常反对我们的帮助，比如给孩子喂饭时，他们会抢我们的饭勺；第二，孩子对外界的事物没有兴趣；第三，孩子总是请求别人帮助，自己没有克服困难的欲望；第四，孩子没有兴趣去做出选择，而且对家长为他们做出的选择毫不反抗。这些现象一旦出现。就说明孩子在自立能力上出现了问题，我们要及时纠正教育策略，帮助孩子构筑自身良好的性格。

游戏配合 ❖

游戏名称：过家家

适用年龄：4~5 岁

游戏目的：培养孩子独立意识。

游戏方式：

Step 1

妈妈陪孩子一起玩"过家家"：做饭。妈妈设置一个场景：一会儿客人会来家里吃饭，所以宝贝和妈妈要一起做饭招待客人。

Step 2

妈妈给孩子提问："今天我们要做什么菜呢？"让孩子给出建议，然后，孩子开始做饭，妈妈在一旁辅助。

Step 3

没有盐了怎么办？缺双筷子怎么办？在游戏过程中要给孩子设置各种问题让孩子进行解答。

☆**家长观察笔记**

从烟台大学毕业以来，我一心致力于教育事业，如今如愿实现。每天，当我能站在教室，面对一张张质朴的脸庞，授予他们知识，我都倍感荣耀。

俗语说"十年树木，百年树人"，果然如此。每每和学生们在一起，或是探讨问题，或是一起参加体育活动，我都能从他们身上感受到一股朝气蓬勃的力量。同时也深知自己作为学生们的榜样，肩膀上的责任重大。

在教学过程中，每个教师、家长都会遇到问题，无论是教学方法方面的，还是学生个人方面的，我想大多数人都为此感到头疼、不解。我也遇到过这些问题，所以总是翻开书籍，希求从中找到解决之法。

当我翻开蒙台梭利文集时，被这位慈祥的教育学家的思想和心得所深深折服，她不愧为"20世纪最伟大的科学与进步的教育家"。她在文章中提到的很多观点，值得今天的我们拿出来细细研究，我想这也有可能是未来教育改革所不可缺少的参考；她提出了很多教学方法，我认为这些论述对学生的教育也是很有帮助的。所以，我和众多教育工作者探讨了这个问题，并决定从蒙台梭利的论述中提取若干可以帮助学生进步的方法，希望对学生和教育工作者有所启发和帮助。

在探讨观点和试验教学方法的过程中，我们遇到了诸多困难，但都一一克服，力争把最好最全面的观点和方法呈现出来，以供家长和孩子们练习。在此感谢所有参与编辑此套书籍的工作人员，一并感谢帮助出版此书的有志之士，感谢你们为教育事业所做的贡献！

我们都以一颗赤诚的心，将精力奉献于对祖国未来花朵的浇灌，我想这将是利国利民的实事、好事。人们总把教师称为"人类灵魂工程师"，此刻我由衷地认为任何对教育有帮助、有贡献的人都应享此荣誉。

最后，作为一名受家长信赖、受社会大众委任的人民教师，我将继续义无反顾地投身于教书育人的事业，与同事将这些新的教育方法运用在教学过程中，并不断地总结经验，力图能像蒙台梭利所述那样，让孩子们在自由中成长，在学习中进步，在教育中成材。

崔维伟